a última
PEDRA

vícios têm cura

ROGÉRIO FORMIGONI

a última
PEDRA

vícios têm cura

Prefácio de
EDIR MACEDO

1ª Edição
Rio de Janeiro
2015

DIREÇÃO GERAL
Paulo Lopes

GERENTE EDITORIAL
Vera Léa Camelo

EDITOR
F Gustav Schmid

DESIGN EDITORIAL
Rafael Nicolaevsky Pinheiro

COORDENAÇÃO DE CRIAÇÃO
Rafael Brum

COPIDESQUE
Rosemeri Melgaço

ASSISTENTE EDITORIAL
Regina Dias

FOTO DO CASAL
Demetrio Koch Jr.

Impressão: Ediouro | 1ª edição | 4ª impressão | Tiragem: 202.000

F723l Formigoni, Rogério
      A Última Pedra: Vícios Têm Cura / Rogério Evandro Formigoni
Rio de Janeiro: Unipro Editora - 2014. 1ª ed.
      112 p.: il.: 21 cm

      ISBN 978-85-7140-711-4

      1. Vícios. 2. Libertação das Drogas. 3. Mudança de vida.
      I. Título

                          CDD 243

UNIPRO EDITORA
ESTRADA ADHEMAR BEBIANO, 3.610 – INHAÚMA
CEP 20766-720 – RIO DE JANEIRO – RJ
TEL.: (21) 3296-9393
WWW.UNIPRO.COM.BR

SUMÁRIO

PREFÁCIO

Edir Macedo

A única maneira de resolver definitivamente a situação das pessoas sofridas, que estão perdidas no labirinto da dor, mais especificamente do vício em drogas, é a fé em Deus. Às vezes as pessoas, nessa situação de sofrimento, procuram consolação em orações, em uma palavra, uma mensagem, uma bela música... Mas isso não é suficiente para resolver esse problema radical que as aflige.

Elas precisam de mais do que simplesmente consolação. Qual é a Palavra que pode vir ao encontro da necessidade dessas pessoas que estão perdidas em um mundo de dor e alheamento? Das pessoas que sofrem, afastadas daqueles que amam, do ataque mortal de uma necessidade que ofusca tudo o que é realmente importante na sua vida?

Quem é capaz de trazer a libertação para essas pessoas senão o próprio Deus? A única intenção d'Ele para com quem sofre é libertar essas pessoas, salvá-las dessa doença implacável que é o vício em drogas, desgraça que está atuando na sua vida.

Muitos argumentam que o sofrimento faz parte de um processo de purificação, o karma, ou que isso é a cruz que a pessoa carrega, uma provação de Deus que ela deve simplesmente aceitar. Outras chegam a dizer a quem sofre que a dor é o seu destino...

Gastar rios de dinheiro é algo que muitas vezes tem se mostrado inútil. Os próprios especialistas dizem que não conseguem resultados positivos em nenhum caso. Inclusive, alguns encaminham seus pacientes para a Universal, porque o grau de sucesso é bem alto.

Qualquer que seja o vício, é preciso saber que ele é um espírito, uma entidade, um encosto que se apodera do centro nervoso da pessoa viciada, controlando a sua vontade. A mesma força que nos compele a fazer coisas boas pode nos levar a fazer o mal.

O espírito do vício é o responsável por esse comportamento. Ele é um espírito maligno que atua controlando a vontade da pessoa adicta, por isso nenhum tratamento pode ser eficaz se não atacar a presença desse espírito. Ele só pode ser removido pelo poder da fé.

Por isso, as pessoas que estão sofrendo com o vício em drogas não devem aceitar palavras tolas, conselhos vazios. Elas devem aceitar a Palavra de Deus, que nos mostra que, qualquer que seja a situação, apenas a nossa fé será capaz de resolver essa situação.

A fé é uma fonte de vida, uma fonte de solução, de respostas de Deus. A fé é vida. E o vício leva à morte. Por isso, a única maneira de combater a derrota de quem está perdido no labirinto da droga é ter fé na Palavra e deixar que Jesus se manifeste na sua vida.

Que Deus abençoe a todos em nome de Jesus.

CAPÍTULO I

Eu sou Rogério Formigoni, mas antes de tudo uma pessoa comum, como você que escolheu ler este livro. Como sou feito de carne e osso, acabei sendo tentado pelas coisas deste mundo. Infelizmente sucumbi a elas e, como consequência, passei sete anos vagando pelo descaminho do vício em substâncias tóxicas e prostituição. Fui refém durante todo esse tempo da prisão das drogas e presenciei os horrores que experimentam as pessoas perdidas nesse labirinto, do qual muitos dizem não ter saída.

Todas as minhas escolhas foram feitas por vontade própria. Contarei aqui a minha história, sobre como entrei nesse mundo de horrores inimagináveis das drogas. Você terá também a oportunidade de conhecer a opinião daqueles que conviveram comigo. Todas essas pessoas desempenharam papéis marcantes ao meu lado, presenciando os meus piores momentos. Foi uma época dura, de decisões equivocadas e sucessivas. Os depoimentos delas estão distribuídos ao longo do livro, dando uma boa visão sobre quem eu fui.

> *"Cheguei a fumar em uma noite mais de cem pedras de crack, comprar um quilo de cocaína, um quilo de maconha, tudo isso para consumir em orgias intermináveis."*
>
> **Rogério Formigoni**

Era um risco que poucas pessoas aguentam correr. E eu sozinho cheirava um prato inteiro de cocaína, ou então cheirava carreirinhas a metro. Cheguei a um nível de descontrole em que misturava tudo e todos, todas as drogas disponíveis com todas as pessoas com quem cruzava. Nas páginas seguintes, você entenderá o passo a passo de como cheguei a essa situação.

Apesar de as minhas escolhas terem me levado a um caminho muito tribulado, tive uma infância normal: brincava muito e praticava esportes. Eu era o mais alto da turma, por isso escolhi o basquete e o vôlei. Em casa, desfrutei de um ambiente tranquilo, sem maiores instabilidades. Meus pais eram pessoas de índole acolhedora, muito presentes e tão disciplinadores quanto o necessário com seus filhos, minhas irmãs e eu. Não havia ali nada que pudesse me levar ao vício, além da minha própria vontade. Mas na vida estamos sujeitos a diversos tipos de oportunidades, umas boas, outras não.

Morava em Lucélia, cidade do interior do Estado de São Paulo. Estávamos no final dos anos 1980. Já trabalhava, desde cedo. Comecei como aprendiz em uma escola profissionalizante de marcenaria aos 12 anos. Não era exatamente um emprego, e sim um ambiente de formação técnica. Ali começou a minha experiência com as drogas. O cheiro forte da cola de sapateiro foi o primeiro item do meu cardápio de substâncias tóxicas.

C o l a   d e   s a p a t e i r o

Um dos inalantes mais consumidos pelos viciados, e popularmente conhecida como "cola", é uma mistura de compostos orgânicos, dentre eles o tolueno. É uma substância psicoativa que atua diretamente no cérebro, produzindo alterações do estado de consciência, causando forte e breve excitação e alucinações auditivas.

EFEITOS COLATERAIS: tontura, náuseas, espirros, tosse, salivação e fotofobia.

ADAPTADO DE

Fotolia

Cheirava tanto a cola, que um dia sofri um acidente que poderia ter sido muito grave, dadas as circunstâncias em que aconteceu. Uma tarde, depois de cheirar cola o dia inteiro, subi, não me lembro por que motivo, em um muro. Como estava totalmente cheirado, caí de cara no chão. O resultado foi uma fratura do nariz. Esse foi o primeiro impacto negativo que a droga me causou. Pelo menos no plano material, o único que a minha sensibilidade permitia alcançar na época. Mas os estragos espirituais já estavam muito mais adiantados.

Da escola de marcenaria segui para o meu primeiro emprego real, aos 13 anos, em uma fábrica de piscinas de fibra de vidro. Já viciado em cola, desenvolvi novos vícios numa trajetória que se estendeu até a idade de 19 anos. Nos sete anos de vícios que se seguiram, parti dos inalantes para o cigarro, "progredi" para a maconha, a cocaína, passei por experiências com chás alucinógenos (principalmente os de cogumelo), experimentei ecstasy e LSD, junto com anfetaminas associadas a bebidas alcoólicas (geralmente uísque),

Fotolia

tomei remédios com tarja preta (popularmente chamados de rebites) e finalmente cheguei ao crack, a pedra da morte.

R e b i t e s

Também chamados de bolinhas, designam genericamente drogas estimulantes da atividade do sistema nervoso central, que deixam a pessoa "acesa", "ligada" com a impressão de estar com menos sono. É muito utilizada por motoristas que precisam dirigir horas e horas sem descansar. Efeitos colaterais: distúrbios do sono, hiperatividade, náusea, agressividade e irritabilidade; costuma causar também alucinações, paranoia, elevação da pressão arterial e da frequência cardíaca.

Adaptado de

Já havia avançado nos caminhos tortuosos do labirinto das drogas. Agora estava na fase dos inalantes mais fortes, aos quais fui apresentado na época em que comecei a trabalhar na fábrica de piscinas. Tinha entre 13 e 14 anos na época. Caí em um ambiente em que até o encarregado fumava maconha. Minha conduta equivocada e baseada em uma curiosidade irresponsável típica de adolescentes e na desinformação crônica que os aflige, me fez avançar ainda mais pelos corredores do labirinto.

A minha curiosidade de aprender, "de ser adulto", me fez tomar essas decisões erradas durante uma fase da minha vida em que minha personalidade estava em formação. Trabalhei naquela empresa durante anos, aprendendo bem o meu ofício. Mas, infelizmente, o lugar que me acolheu com um emprego honesto acabou sendo a escola de um dos meus primeiros vícios. Já havia conhecido muita gente na minha vida, apesar de tão jovem. Muitas dessas pessoas eu vim a reencontrar mais tarde, já fora dos vícios. Falarei sobre isso no momento certo.

Assim, a minha vida na droga progredia dia a dia. Na fábrica de piscinas, conheci diversas substâncias capazes de dar uma brisa, quer dizer, de produzir um efeito de alteração da minha consciência. Entre as principais, estava um solvente à base de hidrocarbonetos com nome comercial Thinner e popularmente conhecido como tíner.

Tíner

Solventes como o tíner são feitos à base de hidrocarbonetos e fazem parte do grupo dos inalantes, como a cola de sapateiro, produtos de limpeza doméstica, gasolina e éter, entre outros.

Efeitos colaterais: danos cerebrais irreversíveis, arritmia cardíaca, comprometimento do olfato, náuseas, hemorragias nasais, fadiga muscular.

Adaptado de

Além dele, havia a acetona, as resinas e o éter, que eu também manipulava e aproveitava para cheirar. Todas elas, quando inaladas, provocam uma certa euforia. Essas substâncias, todas elas hidrocarbonetos, são conhecidas como cheirinho da loló (ver tíner) entre os jovens. Esses produtos foram mais uma porta de entrada para o caminho do mal. Eu e meus colegas de trabalho consumíamos tudo em lote, "junto e misturado", atrás de sensações de euforia, a famosa brisa, o chamado barato.

Na verdade mesmo, o que eu queria não era a brisa em si; eu queria era me afirmar. Mas não sabia que essa era a maneira errada de ser popular. Na escola e no bairro, andava com novos "amigos" de classe média alta. E o veículo que estava à minha disposição era o meu conhecimento sobre produtos químicos. Eu era uma espécie de Heinsenberg, só que muito antes de *Breaking Bad* ir ao ar na Record.

O meu convívio com esses "novos amigos" escancarou as portas dos vícios para eu entrar. Ao mesmo tempo em que cheirava o tíner e as outras substâncias que manipulava na fábrica e tornava disponíveis para o pessoal, fui adquirindo mais vícios. Era uma troca de experiências. Uma delas foi o tabaco.

CAPÍTULO II

A primeira tragada que dei em um cigarro foi "só para experimentar". Lembro-me disso com muito arrependimento nos dias de hoje. Mas a questão é que aqueles que fumavam se destacavam na turma, eram considerados mais maduros e respeitados entre todos. E eu queria ser um deles.

Sei que não estou sozinho nisso. Apesar de naquela época eu ainda não ter me envolvido com outras drogas, o fato é que a população do planeta Terra está se drogando cada vez mais. Segundo relatório anual sobre drogas das Nações Unidas (World Drug Report), "o mercado de cocaína parece estar se expandindo na América do Sul e nas economias emergentes na Ásia". A produção de cocaína, por exemplo, "variou de 776 a 1.051 toneladas em 2011" e as "maiores apreensões de cocaína do mundo (...) continuam a ocorrer na Colômbia (200 toneladas) e nos EUA (94 toneladas)".

O relatório continua informando que "As apreensões de cristal de metanfetamina aumentaram para 8,8 toneladas, o nível mais alto nos últimos cinco anos, indicando que a substância é uma ameaça iminente". Por fim, o relatório aponta ainda que a Cannabis continua a ser a substância ilícita mais utilizada (com 180 milhões de consumidores, ou 3,9 por cento da população mundial de 15-64 anos). Definitivamente, eu não estava sozinho no mundo. O relatório pode ser lido na íntegra em *http://www.unodc.org/unodc/en/press/releases/2013/June/2013-world-drug-report-notes-stability-in-use-of-traditional-drugs-and-points-to-alarming-rise-in-new-psychoactive-substances.html*

Tabaco e nicotina

Trata-se de uma droga legalizada que é obtida a partir das folhas da Nicotiana tabacum. O fumo usado nos cigarros de tabaco é manipulado quimicamente de modo a receber em sua composição mais de 4.700 substâncias tóxicas.

Efeitos colaterais: ansiedade, depressão, sonolência ou dificuldade para dormir e ocorrência de pesadelos; dores de cabeça, problemas de concentração; doença pulmonar obstrutiva crônica e diversos tipos de câncer.

Adaptado de

Fotolia

Mas por enquanto pensava estar a salvo com os aparentemente inofensivos hidrocarbonetos e com o tabaco (mais precisamente a nicotina), que era, afinal de contas, uma droga legalizada. Naquela época, acreditava que, experimentando o fumo, jamais me viciaria nele. Todo jovem é dono de uma autoconfiança do tamanho do mundo, que ele infelizmente ainda não conhece bem a ponto de possuir domínio total sobre o seu próprio corpo.

A partir desse cigarro, vieram outros pensamentos de poder. Eu achava, de verdade, que o tabaco enrolado em papel poderia ser o meu símbolo de grandeza, o estandarte das minhas poderosas legiões imaginárias — precisava apenas ser o senhor daquele hábito e fumar só na hora em que bem entendesse. Mas a nicotina não perdoa quem se aproxima dela. Segundo a Organização Mundial da Saúde, essa droga atinge o cérebro em menos de dez segundos e vicia tanto quanto a heroína. A grande maioria dos fumantes desenvolve algum tipo de dependência em relação a ela. Menos de dez por cento conseguem largar o vício por mais de um mês.

Apesar disso, demonstrar confiança era fundamental no meu pequeno mundo. Daí, aquele cigarro, que era só para experimentar, ajudava a me dar uma sensação de autoafirmação diante das meninas da classe média alta e também dos outros "amigos". Era óbvio que eu sofria de um problema de autoestima. Precisava tanto ser aceito pelo grupo, que me aventurava pelos caminhos da sedução fácil só para ganhar amizades e promover a minha pobre engenharia social. Eu parecia alguém sem apoio no lar, órfão de pai e mãe.

Mas isso nunca foi verdade. Como disse, e ao contrário do que alguns podem pensar, sempre tive pais presentes. Recebi deles a orientação de não andar com "más companhias" e também de ficar longe das drogas. Posso dizer que eles fizeram de tudo para me encaminhar na vida. Apesar disso, infelizmente escolhi, influenciado pelos "meus amigos", o outro caminho. Aquilo tudo foi mesmo uma escolha minha. Escolha que levou a outras decisões, como em um jogo interminável de desafios cada vez mais impactantes e cruéis, envolvendo um prêmio que nunca me satisfazia, mas que sempre parecia valer a pena. Pura ilusão.

Essa vida de escolhas erradas pela qual optei foi bastante tribulada. Vivi situações adversas na adolescência, como brigas na escola. Eu não aceitava levar desaforo para casa. Havia me tornado um menino nervoso e agressivo. Achava que o cigarro e as outras substâncias que consumia me faziam mais homem. Eu me achava "o melhor" e só queria viver o momento, só que sem pensar nas consequências. Ou melhor: para mim, não existiam consequências ruins.

Até então, aqueles vícios de iniciante alimentavam o meu ego, e isso me bastava. Sem perceber, era como se os hidrocarbonetos do tíner e a nicotina que eu inalava me conduzissem para o interior de um labirinto sem fim de vitórias pessoais. O que eu não sabia, não queria saber e, como diria um jovem da minha idade na época, tinha raiva de quem soubesse, era que, no caso do cigarro, suas substâncias podem causar cerca de cinquenta doenças diferentes, especialmente problemas ligados ao coração e à circulação, além de cânceres de vários tipos e doenças respiratórias.

Se alguém, fundamentado em pareceres médicos, me dissesse na época que em cada tragada são inaladas 4.700 substâncias tóxicas, eu, com certeza, morreria de rir da cara dessa pessoa. E, assim, ia entregando voluntariamente o meu cérebro ao tabaco.

CAPÍTULO III

O vício no inalante tíner (e em outros hidrocarbonetos) e na nicotina do cigarro já haviam se consolidado como hábitos do meu dia a dia. Era uma poderosa maneira de me autoafirmar, de ser o cara mais "popular" entre os meus colegas de classe. Entretanto, usar essas substâncias não foi a única porta que abri para conhecer o mundo dos vícios. Àquela altura, o pacote da curiosidade, que englobava o cigarro e os produtos químicos, já era pouco para mim em termos de sensação física. Foi então que apareceu a maldita *Cannabis sativa*, mais conhecida como maconha.

Quando alguns indivíduos a que eu chamava de "amigos" me apresentaram a maria joana, mais um dos nomes populares da *Cannabis*, disseram-me que eu experimentaria uma viagem para "outro mundo" quando apertasse o meu primeiro baseado, o cigarro de maconha. O problema é que ninguém me avisou que era uma viagem que podia ser só de ida.

M a c o n h a

A *Cannabis sativa* é uma das drogas mais usadas no Brasil, por ser barata e de fácil acesso nos grandes centros urbanos. Seu princípio ativo é o tetraidrocanabinol (THC), além de cerca de quatrocentas outras substâncias.

E<small>FEITOS COLATERAIS</small>: intoxicação, boca seca, batidas aceleradas do coração, dificuldade na coordenação do movimento e do equilíbrio, e reações ou reflexos lentos. Algumas pessoas sofrem aumento da pressão sanguínea e pode até duplicar o ritmo cardíaco.

A<small>DAPTADO DE</small>

Fotolia

> *"Um abismo chama outro abismo,*
> *ao fragor das tuas catadupas; todas as*
> *tuas ondas e vagas passaram sobre mim."*
> **Salmos 42.7 (ARA)**

É claro que um abismo chama o outro, e não demorou muito para que eu mergulhasse na maconha e, em seguida, outros entorpecentes que vieram junto, "no pacote". Levava uma vida dupla. Em casa, era um; na rua, outro. Era como o dr. Jekyll do romance *O médico e o monstro* do autor escocês do século XIX Robert Louis Stevenson. Meus hábitos se transformaram. Chegava tarde em casa, às quatro ou cinco da madrugada, mas ia trabalhar normalmente poucas horas depois, sabe Deus em que condições.

Acontece que eu estava na fase de experimentar tudo que me trouxesse uma brisa, ou seja, que me levasse a um estado de êxtase, alucinação, satisfação e inspiração. As sensações podiam variar, mas as definições da minha viagem iam muito mais além. Havia uma sensação de poder, e eu me entregava cada vez mais a ela.

A maconha era definitivamente diferente do tíner e do cigarro. O THC (tetraidrocanabinol, princípio ativo da maconha; ver maconha) me oferecia uma sensação de fadiga tediosa e, assim, me acalmava, tranquilizava. Quando fumava, realmente viajava para um mundo de ilusões e já não me preocupava mais com nada.

O THC ($C_{21}H_{30}O_2$), que é encontrado no cânhamo, atua diretamente no sistema nervoso central do viciado, causando entorpecimento, diminuindo a eficácia do desempenho psico-motor e muscular, ao mesmo tempo em que dá uma sensação que lembra o bem-estar, com direito a um pacote de euforia, sonolência e no final hipoglicemia. Mas esse "bem-estar" me custava muito caro...

Principalmente porque minava a confiança que meus pais um dia chegaram a depositar em mim. Preocupado demais com isso, porque a possibilidade de alarmar meus pais realmente me atormentava, fazia de tudo para não despertar qualquer suspeita dentro de casa. Mas até fisicamente as mudanças em mim eram visíveis. A maconha deixava meus olhos avermelhados, e então eu pingava colírio neles, porque isso me ajudava a mascarar minha condição, fazendo meus olhos ficarem limpos e claros.

Essa combinação de substâncias tóxicas (tíner, cigarro, acetona e outros produtos, como a resina, usados na fabricação de piscinas) era o que me dava a tão desejada brisa. Só que essa mesma brisa produzia um efeito rebote no meu rendimento escolar, e assim eu só conseguia passar de ano colando dos colegas.

Depois de sair do ensino médio, passei no vestibular para ciências contábeis, que só cursei até o quarto período (segundo ano do curso). Não fui reprovado em nenhuma matéria, mas tudo só rolava na base da cola. Não aprendi nada — passava nas matérias colando, porque queria mostrar aos meus pais que estava seguindo todas as suas recomendações. Só não entendia na época que as recomendações deles não incluíam essa farsa.

Mas o importante para mim é que eu fazia parte de um outro grupo de "amigos descolados". Eu, que era conhecido como Formigão, ou Cabeção — porque aguentava altas quantidades de droga sem maiores consequências —, tinha como principal amigo o Luciano, que o pessoal conhecia como Luciano Farinha, ou Lu F.[1] E não era só isso — eu já conquistara, acima de tudo, acesso a meninas da classe média alta. Amparado pelos entorpecentes, consegui me aproximar daquelas jovens bonitas e liberadas. Acima de tudo, eram as características delas que me contagiavam, fazendo com que me sentisse muito bem.

> *"Nós usamos muita droga juntos. Maconha, cocaína, chá de cogumelo e lança-perfume. Fazíamos farra em motéis e no sítio do meu pai. A gente comprava quilos de cocaína pura para cheirar. Nós medíamos as carreiras de cocaína com uma trena. O Formigão aguentava cheirar mais de um metro."*
> **Lu F à Folha Universal**

Hoje eu sei que tudo aquilo era proporcionado por uma segurança ilusória. Uma espécie de máscara que escondia uma pessoa fraca e dava lugar ao "homem forte" que eu pensava ser. As facilidades de aquisição e o incentivo dos amigos tornavam o vício o senhor dos meus passos. O que parecia prazer, na verdade, me afundava num lamaçal sufocante.

Prostituição e bebidas de todo gênero davam o acabamento nesse quadro de extrema degradação humana. Evidentemente,

---

[1] *Luciano Ricardo Marques, amigo em Lucélia, também conhecido como Lu F, ou Luciano Farinha*

naquela época, eu não parava para questionar o que era a maconha, do que ela era feita, qual sua composição e efeitos. Eu só queria curtir o "barato", sem nem me ligar nos detalhes.

> *"A gente ficava igual a zumbi, na farra, muitas vezes com as mulheres, íamos para os motéis do meu tio, íamos para a estrada. Ficávamos com garotas de programa, muitas, mas também tinha outras garotas, as que usavam drogas, junto com a gente."*
>
> *Lu F*

E então aquilo que era só para experimentar virou rotina. Na minha vida, passara já ser natural fumar o "baseado" de sempre. Todos os dias eu me jogava inteiramente naquele mundo de festas, prostituição, orgias e coisas absurdas de que tenho nojo de escrever e falar, e que só faço a título de testemunho.

Não sei quanto tempo levei para passar de nível para nível nesse pacote de vícios. Primeiro, era o cigarro e o tíner; em seguida, a maconha; e depois o que mais viria?

CAPÍTULO IV

Em meio a essa rotina degradante, chegou o momento de dar o meu primeiro tiro, ou teco, em uma carreira de cocaína, também graças à contribuição daqueles que chamava de "amigos". O tiro é a mesma coisa que uma carreira, ou carreirinha, de cocaína, ou seja, uma determinada quantidade da substância disposta em uma fileira, para ser aspirada.

Cocaína

Cocaína, benzoilmetilecgonina ou éster do ácido benzoico, é uma droga que pode ser cheirada, injetada ou mesmo fumada, no caso da sua forma conhecida como crack. A cocaína é extraída da folha de coca, uma planta comum no altiplano andino, e seu potencial de dependência psicológica é altíssimo. Provoca euforia intensa e fugaz, seguida de depressão e síndrome de abstinência.

Fotolia

<u>Efeitos colaterais:</u> falta de apetite, aumento da frequência cardíaca, espasmos musculares e convulsões; depressão severa, paranoia, descontrole por toxicodependência e tendência ao suicídio.

Adaptado de

Com a cocaína, descobri uma sensação contrária à da maconha. Era como um estímulo de poder. Seus reflexos aumentam, você se sente mais forte... Ela também me proporcionava, acima de tudo, euforia, de modo que eu ficava esperto, acordado e, principalmente, era invadido por uma coragem que sem ela jamais teria.

> *"Eu e o meu amigo Formiga vivíamos praticamente na cocaína. Com a gente, o diabo*

> *tremia em Lucélia. Era uma festa atrás de*
> *outra. Uma vez, o Formiga, de tão doido,*
> *pegou um .38 e deu cinco tiros tentando*
> *acertar uns cocos no quintal da casa em que*
> *estávamos. O problema é que eram três da*
> *madrugada! E o pior é que ele não acertou*
> *em nenhum coco. O Formiga era o único*
> *que conseguia fazer a farinha virar."* [2]
>
> **Lu F**

Passei a cheirar todos os dias, mas mantive os hábitos do tíner, do cigarro e da maconha, misturando tudo. Naquela época, consumia vários papelotes por dia. Hoje a cocaína é comercializada em pinos. Mas quando o efeito passava, vinham a angústia, a tristeza, a depressão, um vazio interior — até pensamentos de morte passavam pela minha cabeça.

P i n o

É um dos tipos de embalagens para endolação mais comuns na comercialização da cocaína no Brasil. Trata-se de uma cápsula que costuma conter no mínimo 1g.

---

[2] O procedimento de transformar a pasta de cocaína pura no pó para ser aspirado, misturando a ela outras substâncias. Para melhor rendimento, costuma-se misturar talco, sílica, aspirina em pó, farinha, açúcar, pó de mármore. Essas impurezas representam de 30 a 70% do peso da cocaína final.

Para manter esses vícios, eu gastava todo o meu salário. Minha família jamais cobrou de mim um centavo sequer de ajuda em casa, de modo que o que eu ganhava durava um só dia e ia tudo embora pelo ralo das drogas. Eu estava caindo em um buraco escuro e cada vez mais fundo. Mas infelizmente tinha ficado cego para a realidade. Passei a viver a ilusão de que tudo era maravilhoso. Não faltavam festas, mulheres de todos os tipos e idades, tudo em meio a muita prostituição. Essa era a minha vida, regida pela malignidade das drogas.

> *"O elo que nos unia era principalmente a cocaína. Me lembro do dia em que o Rogério quase foi preso. Ele tinha uma moto vermelha (...) Fomos juntos a um ginásio em Lucélia, para nos drogar. Ele foi na frente, levando uma quantidade bem grande de drogas. Quando cheguei, o lugar estava lotado de policiais dando uma geral (...) Por isso, nesse dia ele quase foi preso."*
>
> **Lu F**

Eu havia chegado a um ponto em que tentava, diante dos meus pais e familiares, passar uma imagem de santo. Mas a verdade nua e crua era a de que, quando saía de casa, eu sofria uma mudança de personalidade. Estava numa fase em que cheirava muita cocaína e fumava maconha demais. Posso afirmar que ninguém conseguia usar drogas mais do que eu.

> *"Andávamos como loucos a 200 km por hora, com um prato de cocaína, batendo as carreirinhas, dirigindo o carro com a perna (...) A nossa vida era balada, droga, só pensávamos nisso. A gente ficava um, dois, três dias só usando droga."*
>
> **Lu F**

Onde eu iria parar? Sinceramente, eu não buscava respostas; queria apenas drogas e mais drogas. Não satisfeito com isso, conheci mais inalantes, como a cola de sapateiro, o lança-perfume e a benzina (ver anteriormente tíner), junto com as anfetaminas (ver anteriormente rebites), que podiam ser combinadas com uísque, o chá de cogumelos, o LSD e o ecstasy. Esse era o novo Pacote 2.0.

> *"Nosso nariz sangrava, vivia destruído.*
> *Acho que era por causa do ácido,*
> *ficava 'tudo' assado o nariz.*
> *Cheirávamos muito 'de metro' lá no sítio."*
>
> **Lu F**

Dessas drogas, a que mais me assustou foi o chá de cogumelo. Vivi uma experiência alucinógena em conjunto com "amigos" que me deixou extremamente assustado com o caminho que escolhi seguir. Aconteceu da seguinte maneira: Um belo dia, resolvemos ir colher cogumelos. Eram daquele tipo de cogumelos que as crianças chamam de "casinha de sapo" e que nascem na grama. Pareciam as casinhas dos Smurfs.

Chá de cogumelos

Este é o nome que se dá a bebidas preparadas com cogumelos que possuem a substância alucinógena psilocybin. Existem centenas de tipos de cogumelos que possuem essa substância, que causam alterações na percepção de cores, som e luminosidade; superfícies podem parecer mover-se e objetos em deslocamento podem deixar trilhas luminosas para trás.

EFEITOS COLATERAIS: náusea, fraqueza muscular e outras alterações físicas de diversas ordens; alterações na percepção e no raciocínio que podem durar de três a oito horas são comuns.

ADAPTADO DE

Fotolia

Primeiro, tínhamos de separar os bons dos venenosos. Nossa colheita havia sido enorme. A verdade é que não tínhamos a menor noção de como usar aquilo. Mais uma vez, estávamos sendo vítimas da nossa curiosidade e da nossa desinformação.

Fizemos uma bebida com os cogumelos e consumimos toda ela enquanto conversávamos. Sentados no banco da praça do nosso bairro, em frente à linha do trem, ficamos esperando o efeito chegar, enquanto fumávamos maconha. Trinta minutos se passaram, e nada aconteceu. Então, trocamos olhares uns com os outros e começamos a rir descontroladamente. Éramos sete adolescentes. Logo depois todos começaram a chorar.

E aí vieram as alucinações. As cores do mundo ficaram mais "vibrantes" — o verde era MUITO verde, o azul era MUITO azul... Tudo o que víamos parecia estar em HD. Levantamos e passamos a andar pela linha do trem. Não parávamos de rir. Se o trem viesse e nos atropelasse, não daríamos a mínima.

Tivemos alucinações assustadoras, como ver as paredes das casas derreterem, sentir como se o chão fosse de vidro com diversas coisas correndo por baixo da sua superfície. O que era sólido perdia a forma original, se movia, parecendo ter vida. Nessa época, eu tinha de 14 para 15 anos. Andamos tanto, sem noção de tempo e espaço, que acabamos saindo do perímetro urbano, já que a cidade era mesmo pequena.

Nosso nível de paranoia ficou altíssimo. Confundimos o apito de uma fábrica com as sirenes de policiais que supostamente estariam no nosso encalço, e aí simplesmente nos escondemos durante mais de uma hora, com medo de "sermos presos". E o efeito daquela combinação de drogas simplesmente não passava.

> *"Fugimos muito da polícia. Cheirávamos*
> *sem parar, parecia que íamos morrer. E ti-*
> *nha também o LSD e o chá de cogumelo.*
> *Nem me lembro mais de quantas vezes*
> *que achei que ia morrer. Chegava com*
> *o Formiga no hospital vendo os postes*
> *derretendo, depois de ficar na pracinha,*
> *perto do bar do Dani (...)"*
>
> *Lu F*

Só o tempo passava. Nós acabamos saindo do esconderijo e começamos a andar sem a menor ideia de onde estávamos e para onde íamos. Nosso desespero assustava as pessoas com quem cruzávamos, porém os mais apavorados daquela história éramos nós mesmos. Por mais que tentássemos, não conseguíamos sair daquele transe. Ficamos mais de oito horas sob efeito do coquetel.

Não parávamos de chorar. O problema é que chegava sempre o momento em que eu tentava voltar ao normal e não conseguia, a ponto de chorar e rir ao mesmo tempo, de maneira totalmente descontrolada. O efeito do coquetel levou horas para diminuir, bem aos poucos. No final, o saldo foi o seguinte: recomeçar no ciclo de depressão, angústia, vazio, tristeza, vontade de morrer etc.

O único alívio possível para isso era voltar a usar a droga. Assim, eu vivia sob o efeito daquele coquetel de drogas vinte e quatro horas por dia. Eu trabalhava na fábrica de piscinas, cheirava cocaína no trabalho, ia à escola à noite e seguia naquele ritmo até as três da madrugada, usando o que aparecesse, misturando tudo o que pintava. Mas ainda faltava alguma coisa para me afundar de vez.

CAPÍTULO V

Como se não fosse o bastante mergulhar voluntariamente em um mundo de ilusões que estava consumindo a minha dignidade, eu, totalmente destruído e sob o controle do espírito do vício, permiti que uma das piores e mais devastadoras de todas as substâncias conhecidas como drogas entrasse na minha vida. O crack, a pedra da morte, surgiu no cenário brasileiro da droga entre 1986 e 1987, principalmente em São Paulo, maior mercado consumidor do País.

O efeito do crack é fulminante e inflexível. No meu caso, praticamente troquei todas as outras drogas pela pedra amarelada. Seu efeito rápido, praticamente imediato, me instigava. Porém, quando ele passava, o desespero me esmagava. Eu queria sempre mais uma pedra. Aquilo era enlouquecedor, uma coisa assustadora, sem igual. Além da euforia, parecida com a da cocaína, o consumo do crack causava em mim breves alucinações.

Uma delas era a sensação de estar sendo perseguido. Conheci pessoas que, sob efeito do crack, ouviam vozes e viam bichos. O crack se transformou em companheiro durante minhas noites de prostituição. Me relacionei com mulheres que trocavam seu corpo por uma pedra de crack ou por uma carreira de cocaína. Cheirava cocaína a metro, era o recordista entre todos os meus amigos. Cada carreirinha tinha a largura de um dedo.

C r a c k

Forma cristalizada da cocaína, é mais potente e perigoso do que a carreirinha de cocaína em pó, e tem um potencial forte para o abuso, levando muito rapidamente ao vício. Trata-se de uma droga extremamente viciante, apesar das mudanças químicas que ocorrem quando ela é preparada. Devido ao seu baixo custo de produção e ao efeito extremo que causa no viciado, o crack se tornou uma das drogas mais abusadas no mundo inteiro, causando tragédias pessoais e familiares sem distinção de classe social ou grau de instrução.

EFEITOS COLATERAIS: falta de apetite, aumento da frequência cardíaca, espasmos musculares e convulsões; depressão severa, paranoia, descontrole por toxicodependência e tendência ao suicídio.

ADAPTADO DE

Coleção pessoal do autor

Falo disso com muita dor, já que eu era o que mais cheirava e o que mais fumava no grupo. Cheguei a vender uma moto e fumei, em apenas uma semana, todo o dinheiro que havia recebido como pagamento — tudo em crack. Eu era um jovem totalmente escravizado pelas sensações, vivia de acordo com as leis do império dos sentidos — havia me transformado em um cracudo, um típico viciado em crack. Tudo que se relacionava a novas experiências me seduzia.

> *"Não tínhamos como parar. A gente ficava dois, três dias usando drogas, e não aguentava mais, o corpo não aguentava. E aí eu dizia 'não vou mais, não quero mais', mas aí parecia que um negócio puxava a gente para baixo (...)"*
>
> **Lu F**

Mas eu não fazia aquilo por mal, já que, na minha cabeça, viver experiências novas estava me fazendo bem. As sensações eram boas, porém não passavam de ilusão. O prazer do início era logo substituído pelo amargor da depressão. E o acúmulo de tudo isso tem a dependência como estágio avançado.

Esse era o meu caso. Eu me dedicava ao crack como um aluno aplicado que está se preparando para o vestibular da morte. Era comum passar madrugadas sem dormir sob o efeito da droga. Chegava a fumar de trinta a quarenta pedras de crack em uma só noite. Posso dizer que o que eu usei em termos de drogas ao longo de quatro anos, muitos não usaram em vinte anos.

Mas nada mudou em relação à minha vida social. Eu desfrutava da companhia de novos "amigos", da caça às garotinhas de classe média alta, vestia roupas legais, enfim, tinha optado pelo pacote completo. É claro que essa não é a realidade para a maioria dos usuários, os viciados. Na quase totalidade dos casos, o crack leva as pessoas à miséria absoluta.

O tempo ia passando, enquanto eu crescia naquele mundo decaído. Fiz 16 anos e depois 17, em ambas as datas afundado no crack. Isso mesmo, havia chegado à maioridade, hora de prestar o serviço militar, que no interior do Brasil se chama Tiro de Guerra.

Tiros de Guerra

Os Tiros de Guerra (TG) são órgãos de formação de reserva que permitem a prestação do serviço militar nos municípios em que o jovem reside. Ele recebe instrução sem precisar abandonar o trabalho e os estudos. O tempo de permanência é de seis a dez meses e depois o então militar é licenciado das fileiras do Exército.

<small>ADAPTADO DE</small>

Servi drogado a maior parte do tempo. Convivi com colegas na mesma situação e confesso que vendia a eles cocaína para poder fumar crack e me dedicar à prostituição. A verdade é que levei muitos outros a experimentar a cocaína durante o curso para cabo. Ao contrário do que a maioria das pessoas pensa, a droga está presente em toda a sociedade. Não há ambiente livre dela. Existe uma linguagem sutil que interliga todos os que "comungam" dos vícios. Gestos, olhares, palavras-chave são o suficiente para se estabelecer a comunicação. "E aí, tem branca?" Pronto. Uma simples pergunta produz um resultado de comunicação incrível entre pessoas que jamais se viram.

Essa é a situação do crack no Brasil. A coisa é tão esdrúxula, que a Prefeitura de São Paulo chegou a instalar um cercado de metal para os viciados na região da cracolândia, mais precisamente na esquina da alameda Cleveland com a rua Helvetia. Esse esforço faz parte de uma inciativa de acolhimento àquelas pessoas, com oferta de trabalho, moradia, alimentação e tratamento. Mas falta ali o lado espiritual.

Convivemos no nosso dia a dia com viciados sem nem percebermos. Gente que acabou de cheirar cocaína ou que fumou maconha transita normalmente no meio profissional ou social. Eu, já aos 18 anos, transitava normalmente no meio militar sob efeito da droga. Nessa época, comecei a consumir quantidades maiores de drogas, sem jamais deixar a cocaína, que comprava aos gelinhos, também conhecidos como "sacolés". Em uma determinada ocasião, cheguei a comprar um quilo de cocaína e a mesma quantidade de maconha naquela época.

Cada gelinho tinha de dez a vinte gramas. Cheirava car-
reiras com o comprimento de um tampo de mesa e com a
espessura do meu dedinho. Por causa disso, até hoje o meu
nariz sangra. A mucosa ficou supersensível e se fere por qualquer motivo. Uma coisa que precisa ficar bem clara é que o
jovem médio não está aberto a explicações, esclarecimentos,
mas sim a sensações. Essas palestras que o governo faz em
escolas são balelas. O dinheiro público está sendo jogado
fora em palavras ao vento. Seu comportamento é ditado pelos imperativos da juventude.

Fotólia

A droga esteve presente em sete anos da minha vida, o que parece pouco tempo. Mas os efeitos me marcaram profundamente. Como ainda estou vivo? Não faço a menor ideia. Talvez porque fosse uma pessoa que praticasse esportes, fizesse exercícios todo dia, especialmente no tempo de Exército. Foi nessa época em que mais se acentuou o uso do crack na minha vida. Eu consumia muita cocaína quando estava de serviço, para me manter alerta, e combinava a droga com muitas outras. Só que cheguei a um ponto de saturação, e aí o crack entrou forte.

Não que eu tivesse abandonado as outras drogas, mas o crack passou a ocupar o papel principal na minha rotina. Fazia tudo por ele, trocava tudo para ter mais crack. Havia finalmente perdido o controle. Resolvi então sair do Exército, assim como havia largado a faculdade de ciências contábeis — desisti no terceiro semestre.

Conheci muitas pessoas viciadas em todo tipo de entorpecentes durante esse período da minha vida. Naquele ambiente, nunca imaginei que poderia ter uma vida digna, pois ela já estava totalmente dominada pelo vício. Minha esperança de ser capaz de sair de uma situação como aquela era mínima. O crack exercia tanto poder sobre mim, que sua força foi suficiente para me dominar. Minha personalidade estava totalmente desconstruída: eu não possuía mais caráter, dignidade, sonhos ou esperança.

CAPÍTULO VI

Eu tinha uma certa consciência de que aquela situação já estava fugindo do limite do aceitável. Então tomei uma decisão radical: a de mudar de cidade. Lembrei que tinha um parente em Americana, também no Estado de São Paulo. Era o meu tio Luís Formigoni, irmão do meu pai. Imaginando que a distância em relação aos "amigos" me deixaria a salvo dos meus próprios vícios, não tive dúvida: fiz as malas imediatamente.

Terminava uma fase conturbada da minha vida e abria-se a perspectiva de uma mudança para melhor. Pelo menos, era isso que eu queria. Não via mais Lucélia como um lugar acolhedor, porque eu já era uma pessoa visada, difamada e isso me deixou sem oportunidades e opções. Mas não é mudando de endereço que o espírito do vício deixa de nos atormentar. Estava mudando de cidade, e não de vida.

Morar em uma nova cidade seria uma solução ou uma fuga? Afastar-me dos "amigos" de Lucélia foi o recurso que escolhi no auge do meu desespero, para me salvar da ruína. Meu tio Luís, comerciante em Americana, também no Estado de São Paulo, era uma pessoa com mais experiência de vida e aparentemente capaz de cuidar de mim, de me ajudar a controlar minha dependência. Bem, isso era o que eu pensava.

E essa era a minha vontade também. Não sabia como, mas queria sair do vício. Na minha cabeça, não pretendia decepcionar os meus pais, por isso resolvi sair de Lucélia e ir para uma cidade em que ninguém soubesse nada a meu respeito. Seria uma nova oportunidade, uma chance de recomeçar. Morar com o meu tio Luís era a sonhada oportunidade para eu poder me livrar daquele pesadelo.

> *"Eu me lembro quando o Rogério chegou a Americana. Era época de carnaval e nós bebíamos muito. Mas ele não se satisfazia só com cigarro e bebida, ele queria droga. Então, eu o levei à casa de um amigo usuário e lá eles começaram a fumar crack juntos, dentro de um quarto. A mãe desse meu amigo suplicava para eles pararem, mas eles não paravam. Ela chorava, pedia pelo amor de Deus, mas não adiantava."*
> **Tatinho[3] à Folha Universal**

O problema é que nem tudo que reluz é ouro. Faltava a mim ter prestado atenção a alguns detalhes sobre a vida do meu tio. Realmente, ele era um comerciante, mas era dono de um bar e, ironicamente, sofria de alcoolismo, sendo uma

---

[3] Manoel Lança Junior, amigo, de Americana.

daquelas pessoas que caíam no chão de tanto beber. Definitivamente, aquele não era o lugar ideal para a minha recuperação.

*Bar do meu tio
Luís Formigoni
em Americana.
Coleção pessoal do autor.*

Mas a mudança já havia sido feita, e a verdade sobre o seu vício fora então revelada somente a mim. Ele me reservou um quarto nos fundos do bar. Antes de me mudar para lá, eu havia vendido uma moto e depositado o dinheiro no banco. Logo que cheguei e me instalei, imediatamente conheci Adilson,[4] que eu chamava de Dilsinho, um rapaz viciado, ao extremo, em crack; ele morava em frente ao bar do meu tio Luís. Obviamente, no dia seguinte eu já estava de volta à pedra da morte.

> *"Quando a gente ia se drogar, costumava usar
> o bar do tio do Formiga. A gente arriava o
> portão, deixava o rádio ligado, bem baixinho,
> se drogava lá dentro e depois saía. Sempre
> assim. Ou às vezes a gente evitava ficar muito
> ali, para não chamar a atenção da vizinhança."*
> **Dilsinho**

---

[4] Adilson Francisco Miguel da Silva, amigo em Americana, conhecido como Dilsinho.

Minha vida estacionara no vício. Não via perspectiva em nada do meu cotidiano. E o pior era tentar recuperar-me vivendo na casa de um alcoólatra e tendo como vizinho um cracudo. Dilsinho era um mecânico famoso, cuidava de carros de competição. Ganhava bem, mas infelizmente gastava tudo com o seu vício. Como o meu amigo Luciano, que também desperdiçou uma fortuna com sua própria degradação, Adilson não parava de se afundar no crack, na cocaína e na maconha.

> *"O crack, quanto mais você fuma, mais você quer fumar. Você dá até a sua vida pelo crack. Você fuma, fuma, e não se satisfaz. É sempre assim. A gente chegou a dar o tênis do pé, relógio, camisa, rádio do carro... Quantas vezes o Rogério e eu arrancamos o rádio do painel do carro e dar para o traficante por uma pedra."*
>
> **Dilsinho**

Não via luz no fim daquele túnel. E o tempo passava até que um dia surgiu um convite para a reunião de libertação na Universal. Leonilda (que chamávamos de Ita),[5] uma das irmãs de Dilsinho, falou que as pessoas da Igreja promoviam reuniões de reabilitação muito boas. E percebia, sem entender muito bem, que a Universal realmente tinha alguma coisa a ver com o labirinto em que eu estava perdido.

---

[5] Leonilda Miguel da Silva, amiga que levou Rogério Formigoni à Universal.

> "*Teve uma ocasião, às três horas da madrugada, que chegamos à favela Matiense, com a gasolina do carro já acabando. Não tínhamos mais dinheiro nem droga. Estávamos voltando de Capivari. Entramos na favela. Ele estava com um relógio de pulso, uma coisa linda. Se não me engano, ele tinha ganhado do seu primo. A troco de três pedras, ficaram lá o relógio e a camisa que estava usando.*"
>
> *Dilsinho*

Apesar de sempre ter ouvido falar muito mal da Universal, resolvi ceder. Por que resistiria a mais um convite? Àquela altura, o que poderia piorar na minha vida? Depois entendi como a atuação da Universal estava ligada à salvação daquelas pessoas que, como eu, se perdiam no labirinto das drogas.

> "*Usamos drogas juntos por um bom tempo. Vi ele [sic] perder moto, enquanto eu perdia um carro. O crack nos levou até o tênis do pé. Chegamos a fumar quarenta pedras numa noite. Ele foi ao banco sacar dinheiro dezenove vezes naquela mesma noite.*"
>
> *Dilsinho*

Aceitei o convite da Universal como se fosse mais uma oportunidade qualquer, como nas centenas de vezes em que me deixei levar pelo caminho de novas drogas. Apesar de estar indo à Igreja, continuava consumindo drogas, especialmente o crack. Em apenas uma semana, fumei o dinheiro da minha moto em crack. A etapa seguinte foi começar a pegar dinheiro do caixa do bar sem meu tio Luís saber. Ele brigou comigo e então me denunciou aos meus pais. Eclodiu um enorme conflito familiar. "Qual era a solução para o problema do Rogério?" Meu pai quis me levar de volta para Lucélia, porque achava que eu deveria ficar sob seu controle, para poder me curar.

> *"O efeito da droga fazia a gente querer fugir das pessoas. Íamos a todo tipo de lugar feio e sem ninguém para poder fumar em paz."*
> *Dilsinho*

Só quem não se afastou de mim naquela hora foram os meus pais. Nas dificuldades, só pai, mãe e Deus. Já os meus amigos e parentes se afastaram de mim, dizendo que o meu vício não tinha mais cura. A realidade na qual eu estava se resumia a fumar crack, fazer sexo e dormir. Isso não me dava perspectiva nenhuma de vida. E eu já tinha entendido que isso não valia a pena.

Minha resposta foi que não seria necessário, que eu não voltaria. Eu disse a ele que estava indo a reuniões de reabilitação na Igreja. O que eles não imaginavam é que essas reuniões eram na... Universal. A única pessoa que sabia da situação antes de o meu tio me denunciar aos meus pais era a minha irmã. Ela me dava dinheiro, talvez para me proteger dos perigos que rondam a vida dos viciados, gastando quase todo o seu salário fazendo isso.

> *"Uma passagem de que eu não me esqueço foi quando o Formiga, o Dui e eu fomos a uma biqueira, ou boca de fumo para pegar algumas pedras, mas sem dinheiro para pagar. Como eu conhecia o traficante, consegui a droga, com a condição de que pagasse no dia seguinte. Quando voltamos lá, o traficante começou do nada a discutir com o Formiga. Nisso, apareceu a polícia, e levamos uma geral. Eles queriam levar nós pra baixo [sic], mas acabaram liberando a gente."*
>
> *Dilsinho*

Briguei então com o tio Luís e, sem ter para onde ir, fui convidado pelo marido da Ita, Gaúcho, a ir morar com eles. Crendo na minha intenção, que lhes parecia ser realmente genuína, pude assim deixar de morar naquele ambiente problemático do bar, conseguindo evitar também um retorno a Lucélia, para morar com meus pais. Passei a trabalhar em sua firma de manutenção e conserto de equipamentos para instalações comerciais. A partir desse momento, posso dizer que a tempestade começou a dar sinais de que ia diminuir de intensidade. Mas a situação ainda era complicada.

"Eu usava crack, cocaína e maconha. Perdi a dignidade, amigos e bens para as drogas. Eu e o Formigoni chegamos a fumar quarenta pedras numa noite. Íamos à biqueira pegar a droga e, quando acabava, íamos ao caixa eletrônico sacar mais dinheiro para buscar mais pedra. Fomos dezenove vezes ao caixa eletrônico em uma única noite e usamos em torno de cem pedras. Uma vez, ele trocou um relógio e uma camiseta por três pedras. Em outra noite andamos por mais de seiscentos quilômetros de carro fumando crack. Nesse dia, ele teve um princípio de overdose. Estávamos em uma estrada com mais dois amigos, o Rato e o Dui. Já tínhamos fumado muito e, de repente, o Rogério começou a ter convulsões. Ele espumava, e nós não sabíamos o que fazer. Paramos então em um posto, demos água para ele, molhamos também a sua nuca, e o levamos para casa. Ele se recusou a ir ao hospital, com medo da polícia. Esse é o maior medo do drogado."

Dilsinho

Overdose

A overdose ocorre quando se consome mais do que a quantidade normal ou recomendada de alguma substância, geralmente uma droga. Uma overdose pode resultar em sintomas graves ou mesmo em morte. A resposta de cada organismo às drogas em termos da intensidade dos efeitos varia de acordo com a dose administrada (...) Pessoas diferentes respondem de forma diferente para a mesma dose de uma droga. (...) A tolerância a uma determinada substância também depende do seu uso repetido (...) e das características genéticas e hereditárias do indivíduo, da dose administrada, do tamanho da pessoa e de sua frequência de uso.

<small>ADAPTADO DE</small>

Mas eu ainda era um rapaz de 19 anos de idade cuja vida estava em uma espécie de limbo. Até pouco tempo, não tinha objetivos; vivia perdido no labirinto dos vícios, fumando quarenta pedras de crack numa só noite. Isso é difícil de entender para quem não conhece como funciona o efeito dessa droga. Não se fuma a pedra inteira de uma vez; o viciado tira lascas dela e fuma cada uma dessas lascas de cada vez. Uma pedra de crack pode render até aproximadamente setenta pipadas, uma tragada.

Pipada

A gíria pipada, que significa "tragada", vem da palavra inglesa pipe, que significa "cachimbo"; uma vez que as lascas da pedra de crack são fumadas em um cachimbo.

No meu caso, isso quer dizer que eu chegava a dar quase três mil pipadas em menos de vinte e quatro horas. Qualquer coisa podia ser usada como cachimbo. Até um inocente copo de plástico podia ser adaptado a essa finalidade. E eu sabia de tudo isso porque estava realmente vagando nos corredores intermináveis do labirinto das drogas.

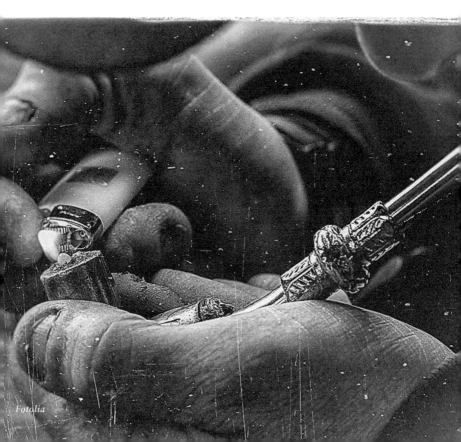

Fotolia

> *"O Rogério não trabalhava, porque tinha saído de Lucélia para fugir das drogas. Às vezes, tocava o bar do tio, e aí era pinga o dia inteiro. À noite, quando saíamos, ele ia pro crack. Era assim, de dia, pinga, à noite, crack."*
>
> **Dilsinho**

Quando decidi ir à Igreja, fui acompanhado pelo meu tio Luís, com quem logo me reconciliei, sem no entanto voltar a morar em seu bar. Ele também tinha, como já disse, um grave problema de dependência com a mãe de todas as drogas, o álcool. Nem todos sabem, mas o álcool é a droga do estímulo e da depressão. Meu tio Luís era uma pessoa que consumia a bebida de maneira abusiva, talvez por força de sua ocupação de dono de bar. Ele jamais conseguiu sair nem desse vício, nem do tabaco, sua outra fraqueza.

Álcool

O consumo excessivo do álcool afeta praticamente todos os órgãos do corpo humano, especialmente o fígado, o cérebro e o trato digestivo. O alcoolismo é uma doença crônica com diversos níveis de severidade. O abuso do álcool está comumente ligado a contextos interpessoais, mas a abrangência de fatores causadores é enorme.

EFEITOS COLATERAIS: atua negativamente no metabolismo, causa euforia, perda das inibições sociais, comportamento expansivo, emotividade exagerada; em alguns casos, comportamento beligerante ou explosivamente agressivo.

ADAPTADO DE

Quando ele bebia, se transformava; parecia que existia outra pessoa dentro de si. A verdade é que meu tio também estava perdido no labirinto da droga. Mas quando o efeito passava, ele não se lembrava de mais nada do que havia acontecido. Ele foi comigo à Igreja, recebeu a mesma mensagem que eu, ouviu as mesmas coisas que eu, mas não quis continuar.

Meu tio se suicidou tempos depois, enforcando-se. Na época em que isso aconteceu, eu já havia me desconectado do mundo da droga e, inclusive, já era pastor. Meu tio testemunhou todas

Fotolia

as mudanças que haviam acontecido na minha vida, mas não teve forças para se deixar salvar. Era o caçula da família de meu pai. Matou-se com quase 40 anos, vítima da profunda depressão que o álcool causa em suas vítimas.

A única maneira que o meu tio Luís encontrou para se livrar de sua dor foi a destruição do maior bem que o ser humano possui, a sua vida. Ele não conseguiu aceitar a possibilidade de ser salvo. No meu caso, porém, fui salvo não somente por ter aceitado o convite para ir à Universal, mas por não ter desistido.

> *"Em um mês, eu vi o Rogério e o meu irmão Dilsinho gastarem dois mil reais com o crack. O Rogério estava pele e osso, pálido, com olheiras; quando almoçava, não jantava, estava acabado. Ninguém dava nada pelo Rogério. Nesse dia, no início da noite, eu estava me preparando para ir à Igreja, quando chegou na nossa porta e me perguntou aonde eu estava indo. Quando eu disse, ele me pediu para convidá-lo."*
>
> **Ita**

Precisamos compreender que nem todos conseguem mudar sua atitude no momento em que os convites são feitos. Esse mesmo convite que recebi também foi feito a Dilsinho, nosso vizinho viciado. Como no caso do meu tio, ele não quis continuar na época. Felizmente, hoje podemos contar com o seu testemunho nas páginas deste livro, as palavras de um homem restaurado. Mas, afinal, como me salvei?

> *"O que manda é a fé. O caso do Rogério era só Jesus. Ele era maltratado pelo tio, a ponto de este mandar o Rogério escolher entre morar na sua casa ou ir à Universal. Ganhei a alma dele daquela vida podre e imunda com a ajuda do meu marido, que me ajudou a levar o Rogério no dia em que o meu carro quebrou. Quando vimos que aquela alma estava mudando de caminho, meu marido disse que o Rogério passaria a ficar na nossa casa."*
>
> **Ita**

CAPÍTULO VII

Não basta somente ouvir a mensagem quando você escolhe salvar-se da desgraça dos vícios. É preciso aceitar essa mensagem de verdade. E a salvação de uma pessoa que se encontrava na minha situação não poderia acontecer num estalar de dedos. "Mas como foi no seu caso? Como o senhor fez para conseguir?"

Quando me perguntam isso, eu sempre repito o seguinte: você não tem nada mais a perder quando se entrega ao vício. As drogas tomam tudo de nós. Naquele momento da vida, ainda sem saber, estava seguindo um exemplo bíblico impactante sobre fé que me fez depois repensar todos os meus passos pelo caminho do mal. É a história do general sírio Naamã, que foi abençoado pelo Senhor por intermédio do profeta Eliseu.

> *"Naamã, comandante do exército do rei da Síria, era grande homem diante do seu senhor e de muito conceito, porque por ele o SENHOR dera vitória à Síria; era ele herói da guerra, porém leproso. Saíram*

tropas da Síria, e da terra de Israel levaram cativa uma menina, que ficou ao serviço da mulher de Naamã. Disse ela à sua senhora: Tomara o meu senhor estivesse diante do profeta que está em Samaria; ele o restauraria da sua lepra. Então, foi Naamã e disse ao seu senhor: Assim e assim falou a jovem que é da terra de Israel. Respondeu o rei da Síria: Vai, anda, e enviarei uma carta ao rei de Israel. Ele partiu e levou consigo dez talentos de prata, seis mil siclos de ouro e dez vestes festivais. Levou também ao rei de Israel a carta, que dizia: Logo, em chegando a ti esta carta, saberás que eu te enviei Naamã, meu servo, para que o cures da sua lepra. Tendo lido o rei de Israel a carta, rasgou as suas vestes e disse: Acaso, sou Deus com poder de tirar a vida ou dá-la, para que este envie a mim um homem para eu curá-lo de sua lepra? Notai, pois, e vede que procura um pretexto para romper comigo. Ouvindo, porém, Eliseu, homem de Deus, que o rei de Israel rasgara as suas vestes, mandou dizer ao rei: Por que rasgaste as tuas vestes? Deixa-o vir a mim,

e saberá que há profeta em Israel. Veio,
pois, Naamã com os seus cavalos e os seus
carros e parou à porta da casa de Eliseu.
Então, Eliseu lhe mandou um mensageiro,
dizendo: Vai, lava-te sete vezes no Jordão, e
a tua carne será restaurada, e ficarás limpo.
Naamã, porém, muito se indignou e se foi,
dizendo: Pensava eu que ele sairia a ter
comigo, pôr-se-ia de pé, invocaria o nome
do SENHOR, seu Deus, moveria a mão
sobre o lugar da lepra e restauraria o lepro-
so. Não são, porventura, Abana e Farfar,
rios de Damasco, melhores do que todas
as águas de Israel? Não poderia eu lavar-
-me neles e ficar limpo? E voltou-se e se
foi com indignação. Então, se chegaram a
ele os seus oficiais e lhe disseram: Meu pai,
se te houvesse dito o profeta alguma coisa
difícil, acaso, não a farias? Quanto mais, já
que apenas te disse: Lava-te e ficarás limpo.
Então, desceu e mergulhou no Jordão sete
vezes, consoante a palavra do homem de
Deus; e a sua carne se tornou como a carne
de uma criança, e ficou limpo."
2 Reis 5.1-14 (ARA)

O general Naamã não imaginava que sua a cura estaria no rio Jordão. Quem seria capaz de acreditar ou compreender que um ambiente sujo pudesse ser a fonte de cura para alguém que está doente? Entretanto, assim como o general Naamã se curou da lepra banhando-se no Jordão, foi justamente na Universal que encontrei a minha última oportunidade de me livrar para sempre daqueles vícios que me perturbavam e me destruíam.

O rio Jordão não era límpido como o Abana e Farfar, rios de Damasco, porque todos os necessitados acorriam a ele, de modo que aquelas águas absorviam os males das pessoas em uma escala imensa. O nome da Universal também, porque é uma Igreja que recebe a todos aqueles que estão em posição inferiorizada, abandonados no labirinto dos vícios, precisando de apoio. Tal como a cura de Naamã estava no Jordão, a minha cura estava ali, na Universal.

O seu nome é associado à impureza, mas a cura acontece dentro de seus limites. Acontece dessa maneira porque é preciso acolher a quem precisa de ajuda, mesmo que a pessoa seja uma "leprosa social", que ocupe o extremo inferior na escala dos valores materiais que rege este mundo. E a Universal aceita a todos esses sem distinção, para cumprir a missão de livrá-los das impurezas que contaminaram suas vidas destruídas.

Não estou dizendo aqui que Deus ame o pecado; o Senhor ama, sim, os pecadores. Perder-se no mundo para sempre por causa de um erro tolo é uma crueldade enorme para aqueles que reconhecem sua falha e se arrependem genuinamente. Se Deus perdoou a traição de Davi, à custa de seu primogênito, e a brutalidade de Saulo de Tarso, renascido como o apóstolo Paulo, por que não perdoará todo aquele que realmente quiser ser salvo?

> "Todo aquele que o Pai me dá,
> esse virá a Mim; e o que vem a Mim,
> de modo nenhum o lançarei fora."
>
> *João 6.37 (ARA)*

Fotolia

Pobre ou rico, saudável ou adoecido, seja em seu corpo ou em seu espírito, é preciso aceitar os rejeitados por suas famílias ou mesmo pela sociedade, concedendo-lhes a oportunidade da cura. No exemplo do general Naamã, sabemos que ele perguntou por que não devia se banhar em outros rios mais limpos. Mas somente no Jordão o profeta Eliseu viu o ambiente propício para a cura do general — e o motivo era justamente a repulsa que Naamã sentia por aquele curso d'água.

Comigo não foi diferente. "Você poderia ter ido a qualquer Igreja, menos à Universal" era o que me diziam as pessoas que eu conhecia, especialmente a minha família. Minha resposta não podia ter sido diferente: "Estou procurando Deus, vocês não veem? Quando eu estava na droga, reclamavam; agora, que estou na Igreja, reclamam também?"

Quando entrei pela primeira vez na Universal, aprendi o seguinte: o espírito do vício, que vinha me atormentando há anos, sabia que a minha cura e libertação estavam ali e que, é claro, ambas viriam do Senhor Jesus. E resistiu a ela tentando me fazer desistir daquilo. Porém eu estava decidido e não tinha a menor intenção de recuar.

Passei então a frequentar as reuniões todos os dias. Não via dificuldade nenhuma em ir até lá diariamente, mesmo porque eu também não via dificuldade nenhuma em usar drogas diariamente. A partir de um certo momento, resolvi dedicar-me com todas as forças a alcançar o milagre tão esperado. Só havia um jeito de saber se o que o pastor estava pregando era ou não verdade: eu teria de colocar em prática tudo o que ele dizia.

De repente, surgiu uma convicção que eu jamais imaginei que pudesse ter: "Se não enfrentei nenhuma dificuldade em me entregar às drogas, por que veria alguma dificuldade em me entregar a Deus?" E assim, mantendo o hábito de ir todos os dias à Igreja, entendi e consegui identificar que quem estava por trás do vício, ou seja, o responsável por tudo aquilo, era um espírito imundo — o espírito do vício.

Ir às reuniões todo dia era a única maneira de controlar o agora conhecido espírito que me fazia usar drogas sem parar. Assim também evitava o contato principalmente com Dilsinho, meu vizinho viciado, e também com os demais companheiros da noite. Eu ia à Igreja todas as noites. E não segui o plano de reuniões semanais tradicional proposto na Universal. Como ia diariamente às reuniões, ouvia e colocava em prática tudo aquilo que o pastor me dizia. Era preciso assimilar tudo.

Aquilo começou a me fazer bem. E todos me perguntam como funcionou. Só posso dizer que foi um processo de entrega a Deus. Entrega pura e simples. Com um mês e pouco de idas e vindas às reuniões, chegou um dia em que eu consegui reconhecer os meus erros, as minhas falhas, a minha falta de inteligência ao tomar decisões... Decidi me entregar.

Na verdade, foi muito fácil entregar-me a Deus. Como todo viciado, senti extrema facilidade em me entregar, porque fazia isso todo dia, quando abria mão da minha dignidade e me entregava às drogas. Por que não me entregar a Deus? Foi nesse dia em que caiu a minha ficha, em que tive um encontro, uma experiência, que me mudou por dentro, definitivamente.

Aquele dia foi um domingo. Lembro-me como se fosse hoje. Parecia que eu estava sozinho na reunião, embora ela estivesse lotada. Tudo o que o pastor pregava era na verdade Deus falando comigo. Naquele dia, caí em mim, reconheci

No culto, durante meu
processo de cura.
Coleção pessoal do autor.

definitivamente os meus erros e pecados e decidi me entregar
a Deus de corpo, alma e espírito.

No dia em que fiz essa escolha, disse a Deus: "A partir
de hoje, jamais decepcionarei a Ti novamente!" Nesse momento, eu me rendi, prostrado, ao Senhor com toda a minha
vida. Senti e recebi uma satisfação na alma que nunca havia experimentado antes. Choveram sobre mim bênçãos de
força e coragem em uma intensidade que superava e muito
todas as sensações que as drogas foram capazes de me pro-
porcionar naqueles anos perdidos da minha vida.

Meu encontro com Deus estava consumado. Naquele momento, estava conhecendo ali algo que jamais havia vivenciado. Naquele momento, aconteceu uma transformação radical na minha
mente. Na minha oração, prometi a Ele que o crack, a maconha,
a cocaína e o resto jamais mandariam em mim novamente, e eu
tinha a intenção de provar que o que estava dizendo era verdade.

Passei a ter uma força que nunca possuí na vida, a contar com um autocontrole que jamais experimentei. Apesar

disso, na cabeça da minha família, que logo descobriria a minha condição, eu continuaria a ser um viciado, ainda estaria usando drogas, mesmo indo à Igreja. Ninguém acreditava que tivesse conseguido me libertar do vício. Mas de fato eu havia me modificado naquele dia. Estava mais forte. Tanto que, quando cheguei em casa depois da reunião, Dilsinho me procurou. Ele foi me oferecer uma sacola de pedras de crack, de graça. Devia ter umas trinta pedras de crack naquela sacola.

"Esta sacola é para você. Não precisa me pagar nada. É para compensar todas as vezes em que você me trouxe a parada." Respondi olhando diretamente nos olhos dele: "Obrigado, mas não quero. Hoje eu encontrei Deus, que é muito mais poderoso do que qualquer pedra que encontramos nos caminhos que seguimos nesta vida." Começava ali a minha recuperação e, ao mesmo tempo, um desafio.

Ecoava na minha mente uma voz, vinte e quatro horas por dia, me dizendo para fumar a última pedra e depois parar. Essa voz me atormentou durante três dias sem parar, repetindo aquela mensagem de derrota, "fuma a última pedra, depois você para. Cheguei a ter insônia e calafrios, mas venci.

CAPÍTULO VIII

Abandonar o vício foi um desafio extremo. Na época da droga, vivia em um mundo de sensações repleto de estímulos, porém espiritualmente vazio. Podia fazer de tudo, me sentia poderoso e acima das regras da sociedade. Mas, ainda assim, isso não se comparava com a felicidade que vivi no dia em que me entreguei a Deus. Algo havia mudado dentro de mim, e então consegui resistir àquela voz que me convidava insistentemente a fumar a última pedra.

Mas toda pessoa que se liberta do vício ainda convive, durante muito tempo, com uma voz parecida com a que me atormentou. Trata-se da voz do espírito do vício se manifestando, que sabe que não pode perder aquela pessoa. No meu caso, foram três dias de agonia. A única saída foi resistir a ela com todas as minhas forças e orar pedindo ajuda a Deus.

Prometi que não decepcionaria a Jesus, por isso resisti àquela voz em todas as suas investidas. A voz provocava em mim uma depressão profunda, uma angústia, um aperto, enfim, era uma luta que estava travando com o espírito do vício, que tentava pela última vez me reconquistar.

No terceiro dia, parecia que eu nunca havia fumado nada durante toda a minha vida. A vontade, o desejo sumiu; passei a ter nojo das drogas.

> *"Sujeitai-vos, portanto, a Deus;*
> *mas resisti ao diabo, e ele fugirá de vós."*
> **Tiago 4.7 (ARA)**

Apesar de ainda não conhecer a Bíblia na época, eu consegui resistir. Naquele terceiro dia, o espírito havia ido embora. A partir dali, consumou-se em mim a mudança que havia se iniciado quando de fato me entreguei a Jesus. A vontade de me drogar sumiu, mas não era hora de a vigília ser interrompida.

Desse dia em diante, a minha vida deslanchou. Continuei a ir à Igreja todos os dias, buscando aprender mais sobre a vida espiritual. Depois de algum tempo, Gaúcho me convidou para ser seu sócio em um empreendimento: montar uma fábrica de capacetes de fibra de vidro para motociclistas e de peças customizadas para diversas aplicações.

Como ele sabia da minha experiência na laminação de fibra para uso em piscinas, o fato de eu dominar aquele ofício se encaixaria perfeitamente na nova atividade. Como naquela época Ayrton Senna estava no auge, o carro-chefe da empresa eram os capacetes, inclusive os especiais, para competições. Mas também fabricávamos carenagens de fibra para automóveis e caminhões.

Eu havia realmente me modificado como homem. E, naquele momento, estava voltando ao meu ponto de partida, onde tudo começou — lidar novamente com os hidrocarbonetos que me desgraçaram na adolescência. E sabem o que aconteceu? Absolutamente nada. Para falar a verdade, tive de começar a usar máscara, porque me sentia mal quando manipulava aqueles compostos, especialmente o tíner.

Trabalhando na empresa do Gaúcho, marido da Ita. Coleção pessoal do autor.

E assim foi o recomeço da minha vida. Na nova caminhada, aluguei um quarto e fui morar sozinho. Depois de algum tempo, encerramos o negócio, e eu me recoloquei no mercado profissional. Era outra pessoa! Aluguei uma casa e continuei a reestruturar minha vida. Àquela altura, já havia tido meu encontro com Deus e renascido. Fora então batizado nas águas e confirmado pelo Espírito Santo e já havia sido levantado a obreiro, uma pessoa dedicada a servir a Deus no altar.

> *"O obreiro é aquele que se coloca à disposição das pessoas aflitas. Eles se empenham para levar a Palavra de Deus aos que necessitam em hospitais, presídios, asilos ou onde quer que estejam".*
>
> **Bispo Sergio Corrêa**

Segui na minha trajetória de obreiro que se via diante de um desafio imenso: mostrar a meus semelhantes que a fé era mesmo capaz de nos fazer voltar da morte espiritual dos vícios. Eu sabia que estava ali contrariando um princípio estrito das ciências ligadas à psiquiatria que consideram a dependência química como doença. A sua afirmação é de que os dependentes que são expostos à substância pela qual têm sensibilidade reincidem em todos os casos. Eu sou a prova viva de que isso não é uma verdade absoluta.

Fotolia

Na atual convenção médica, a dependência química é definida como uma doença paralela a outras doenças físicas. Tem base biológica, sinais e sintomas característicos, um curso e resultados previsíveis e está isenta de causação "internacional" (...). A ampla variedade de definições e concepções existentes de tratamento das dependências químicas revela que não há uma caracterização única capaz de capturar ou explicar a dependência química. Ela pode ser conceituada ainda como uma doença progressiva, incurável e potencialmente fatal, como sendo uma doença multifacetada, atingindo o ser humano em todas as suas áreas: física, psíquica e social.

ADAPTADO DE

Resolvi ir além e me pôr à prova com maior intensidade. Retornei em uma ocasião a Lucélia e tive a oportunidade de reencontrar aqueles meus amigos, que agora não marco mais com aspas. Eles continuavam com os mesmos hábitos, principalmente cheirando cocaína. Falei-lhes de Jesus, mostrei a eles a minha recuperação, com o objetivo de ajudá-los por intermédio da evangelização.

Mas meus amigos queriam saber de mim se eu ainda cheirava. Nisso, eles estavam ali, na minha frente, se servindo da droga, e me ofereceram, como sempre. Aí eu disse com uma convicção fortíssima: "Se ficarem me oferecendo isso, vou soprar toda essa 'farinha' aí e vocês vão ficar sem nada!" Com isso, entenderam que eu havia mudado.

Depois disso, em muitas outras situações, também ficou evidente que a mudança operada em mim por Jesus era muito mais sólida que qualquer manifestação empobrecida do espírito do vício em pessoas que cruzassem o meu caminho. Por exemplo, os traficantes de quem eu comprava drogas continuavam a me procurar, oferecendo seus produtos a mim, mas sem sucesso.

Já as pessoas que na época me viam fumando e bebendo todo dia constataram a minha mudança comentando "Olha, ele tá limpo, não tá mais na droga...". E ficavam fazendo conjecturas sobre o porquê disso. Mas a resposta vinha rápido: "O que tirou ele das drogas foi Jesus, por intermédio da Universal."

É claro que muitos desdenhavam, brincando que aquilo não ia durar, que era fogo de palha. Já os que usavam drogas naquele ciclo de amizades envolvendo traficantes do bairro e seus clientes, os dependentes da vizinhança, insistiam em me procurar perguntando se eu não ia querer mais nada, se eu tinha parado mesmo.

A resposta era sempre a mesma: "Estou indo à Igreja, não consumo mais nada disso." Mesmo assim, eles ofereciam a droga, de graça, que eu recusava sempre. E essa foi uma rotina nesse período de libertação, de tratamento. Propostas surgiam o tempo todo. E o meu papel agora era o de recusar, jamais ceder.

Eu estava totalmente decidido. Havia feito uma promessa a Deus e, custasse o que custasse, eu a cumpriria à risca. Jamais decepcionaria a Deus. Mantive a minha palavra e a sustentei. A força que consegui somente a partir do momento da minha entrega a Jesus está no centro da minha mensagem às pessoas que mantêm contato comigo no meu dia a dia de trabalho.

Isso também acontece com aquelas pessoas que não querem que o vício entre em sua casa. A ideia de aprender a proteger a si mesmo e a sua família do vício interessa a todos. As pessoas querem, por tudo, evitar a presença da droga em suas casas.

Apesar disso, para muitas pessoas, é necessário sentir o problema na própria pele, para que pensem em tomar alguma providência ou pedir ajuda. Se a droga não invadir a sua própria casa, a pessoa não abre os olhos. Minha mãe, por exemplo, só se deu conta de que estava no vício quando me afundei no crack. A maioria das famílias só descobre que seu ente querido está no vício quando já se passaram dois, três anos de iniciado o vício.

Assim, por mais que divulguemos mensagens sobre o perigo dos vícios, muitas pessoas tendem a achar que isso jamais acontecerá com elas. As pessoas não enxergam como funcionam os mecanismos para a destruição do amor que a droga manipula. São mecanismos silenciosos que fazem você perder seu dinheiro, seus amigos, sua família, sua casa, sua dignidade...

O efeito das drogas na sociedade é o retrato da destruição. Quando o vício invade a nossa casa, o amor sai pela porta dos fundos. E a desinformação é uma das armas que o espírito do vício usa para não se fazer notar. As drogas nos destroem de dentro para fora, corroem o corpo humano e sacrificam a nossa alma ao seu autoextermínio.

CAPÍTULO IX

Quando penso em tudo que deixei para trás, nas minhas próprias falhas e naquela rotina de aventuras inconsequentes envolvendo outras pessoas que não conseguiram sair daquele lamaçal do vício que as sufocava, vejo que sou um privilegiado. Consegui marcar minha passagem de volta em uma viagem que podia ter sido só de ida. O espírito do vício é voraz e não perdoa o corpo de quem ele se apossa. Ele faz a pessoa mergulhar e se afogar no mar da droga, destruindo-a sem piedade. Eu vi isso acontecer muitas vezes, quando o mal se manifestava nas pessoas.

Mas com a fé, podemos vencer esse espírito do vício e reconstruir a nossa vida. A fé para conseguirmos isso está na Palavra de Deus, e é ela que vai fazer o seu corpo superar a maldita vontade de se drogar. Fé é vida, e você é um filho de Deus que está destinado a viver na plenitude do bem-estar da sobriedade.

Hoje, ajudo as pessoas a se livrarem do vício apresentando-as a Jesus. Eu conheço, no meu dia a dia, pessoas que sofrem, que gemem por causa do mal que o vício provoca nelas mesmas ou em seus entes queridos. Vejo todo tipo de degradação nas reuniões e nos cultos que promovemos na Universal para ajudar aqueles que padecem de vícios.

Em uma dessas reuniões, vi um demônio, um espírito manifestado diante do pastor, que o inquiria. Era o espírito do vício em ação. Ele dizia que apenas colocava a doença no corpo da pessoa possuída. "Eu coloco as brigas, eu coloco a doença, eu coloco o vício... Eu me drogo através dela, eu bebo através dela, eu cheiro através dela." Foi nesse momento que entendi o que estava acontecendo comigo há tantos anos. Na época em que presenciei isso, percebi que eu tinha sido um veículo para a satisfação de um demônio, o espírito do vício. Era ele que estava cheirando, fumando, se drogando por intermédio do meu corpo! Quem mandava em mim era ele. Estava morrendo aos poucos por conta dos meus vícios.

> *"A gente se via de chinelo, bermuda, camiseta, e só, sem futuro. Então falávamos 'se não fizer alguma coisa, a gente vai morrer'. Depois de quatorze horas fumando pedras de crack, suados, não sabíamos nem o que dizer, era muito difícil."*
>
> **Dilsinho**

É bom dizer que na maioria dos casos esse espírito não se manifesta. Ele se restringe a trabalhar na mente da pessoa, manipulando a sua vontade. É assim que o espírito do vício domina o viciado. A vítima troca a família, os filhos, o emprego, os seus sonhos pela substância. Mas e a consciência de pessoa? O espírito a destrói, transformando o viciado em seu escravo.

A possessão do vício afasta os pais de seus filhos, o marido de sua esposa, sem querer saber se a família terá o que comer. A prioridade do dependente passa ser o vício, porque está dominado. Ele vive alguns momentos de lucidez, sabe que está acabando com a sua própria vida, mas não tem forças, domínio sobre si para poder sair. O que ecoa na cabeça dele é a voz que diz "É só hoje, só mais essa, só mais hoje", enquanto suas dívidas aumentam.

Recebo pessoas totalmente destruídas na nossa Igreja. Uma vez esteve presente um rapaz que estava em processo de recuperação há doze semanas. Ele havia mergulhado de cabeça "nos prazeres" do crack, e o preço que pagou foi altíssimo. Esse empresário perdeu sua família, um casamento de treze anos, seus bens materiais, incluindo lojas e restaurantes, sua casa, sua dignidade, o respeito por si mesmo e, por fim, sua honra. Durante dezessete anos, a maconha, o álcool, a cocaína e, finalmente, o crack levaram tudo o que ele construiu.

Ele chegou ao ponto de morar na rua. Uma pessoa que conseguiu ganhar sessenta mil reais por mês foi levada à escala zero da sociedade para morar na cracolândia de São Paulo. Esse homem foi levado ao ponto de trocar as roupas do corpo por uma pedrinha de crack. E ele me disse o que eu já sabia: quem entra no crack está destinado a isso, inexoravelmente. E eu lhe disse o que precisava saber, doze semanas antes: Jesus é mais forte do que o crack. Ele é a prova de que, se o labirinto existe, Ele é a única saída.

Mas lá dentro do labirinto, a maioria das pessoas não vê esperança ou possibilidade de mudança. As pessoas vão a clínicas, a psicólogos, buscam todo tipo de ajuda, mas não encontram uma transformação para a sua vida em destroços. Esse homem não via solução nem na Igreja que ele conhecia. "Ali não é mais lugar para mim, eu não tenho mais jeito." Até que um dia ele viu o programa Última Pedra, e disse: "Epa, isso aí é para mim, esse é o meu problema."

> *"Minha atenção se abriu então para esse novo caminho. Estava em um momento terminal, morando de favor na casa do meu pai, em conflito com minha ex-esposa e com meu filho. Foi nesse contexto que eu vi o seu programa. Será que esse caminho serve para mim? Só o fato de ver o programa já me deixou preliminarmente afastado do cigarro e das outras drogas."*

Depois, ao começar a frequentar as reuniões, ele se conscientizou do seu problema real e conseguiu arrancar o espírito do vício da sua vida. Mas nem todos escolhem esse caminho.

A solução para o problema do vício fica sendo sempre protelada, jogada para depois. Ele deixa de ser um consumidor e passa a ser consumido pelos vícios naquela armadilha em que está aprisionado. E a verdade maior, o propósito maligno do espírito do vício, se revela: a sua função é destruir a pessoa que infestou, seu hospedeiro, como se fosse um vírus.

Não existe pessoa viciada que diga que é feliz, que tenha uma vida positiva e que seja capaz de pôr em prática muitas realizações. Todos, sem exceção, estão destruídos. Tranquilidade, harmonia no lar, sono tranquilo? Isso não existe no mundo dos viciados. Jamais ouvi um depoimento de um viciado dizendo que sua vida melhorou com a cocaína.

O que vemos no dia a dia dos cultos e no programa A Última Pedra são histórias fortíssimas de mães que têm medo de perder seus filhos, de filhos que agridem suas mães, que colocam a faca no pescoço delas e dizem:

"Se não me der o dinheiro, eu te mato."

Certa vez, uma esposa me procurou dizendo que o marido lhe prometera não usar mais a cocaína. Só que, assim que recebeu o pagamento, sumiu e até então não tinha voltado para casa. Com certeza, ele já havia acabado com o dinheiro de novo. Ela não tinha um pacote de arroz em casa; precisava mendigar com a sogra, para poder alimentar os seus filhos.

Atendemos pessoas totalmente desenganadas e descrentes das possibilidades de cura por intermédio dos recursos científicos tradicionais. Segundo as clínicas de recuperação de dependentes de drogas, o vício é uma doença incurável, progressiva e fatal. O pai de um viciado em cocaína alegou ter gastado mais de duzentos mil reais em tratamento médico sem alcançar sucesso. Mas quando ouviu dizer que o vício era um espírito, descobriu que aquela era a resposta para o problema de seu filho com a cocaína.

A luta pela cura do vício faz um contraponto com as possibilidades da ciência. Não pretendo em momento algum questionar a eficácia da ciência, mas sim demonstrar que vícios têm cura usando como provas casos reais como o meu e de pessoas que conseguiram se livrar de dependências fortes por drogas. São muitos testemunhos, muitos mesmo.

E o método é extremamente simples. Basta tirarmos o espírito do vício da vida da pessoa afetada por dependência de drogas. O caso de um senhor que me procurou é exemplar. O homem era alcoólatra há quarenta e dois anos, viciado em cachaça. Era uma pessoa que bebia trinta doses por dia e um litro à noite. Essa pessoa, que abandonou o vício em 2014, tinha cinquenta anos de idade e era dependente desde a infância.

Ele sofria de síndrome do pânico. Quando acordava, precisava tomar uma dose, por causa da abstinência durante a noite. Tudo o que fazia dependia da bebida — só conseguia sair de casa se bebesse uma dose, só conseguia conversar com alguém se bebesse outra dose... Ele procurou a Igreja e, no primeiro dia, ao sair da reunião, foi beber.

"Quando engoli a bebida, vomitei imediatamente e passei a ter nojo dela."

Desde então ele não coloca um gole de cachaça na boca. O que aconteceu com ele? Simples. O espírito do vício foi retirado de seu corpo. Saiu dele a depressão, o nervosismo, a angústia que o destruíam. São muitos os testemunhos como os desse homem.

Outro homem, mais jovem, com uma história praticamente igual à do alcoólatra, de dezessete anos de dependência de cocaína, passou pela mesma experiência. Ele chegou à primeira reunião morando de favor, sem nada. Depois de dez semanas, não conseguia mais ficar sem passar mal ao tentar ter qualquer contato com a droga. Segundo ele,

"o mais impressionante é que a vontade sumiu."

E ele passou por várias clínicas, nas quais ficava internado durante meses, em abstinência total — mas sem que a vontade diminuísse. Quando saía da clínica, recomeçava a usar a droga. Mas, quando chegou à Universal, a vontade desapareceu. Ele é mais um dos curados nesse tratamento que realizamos.

Posso também citar o caso de um homem que trocou o automóvel de sua família por pedras de crack. Pedras que duraram poucos dias, diga-se de passagem. Como também passei por isso na ocasião em que vendi uma moto para comprar essa droga, sei que bens e dinheiro para essas pessoas lhes parecem aos olhos como pedras de crack.

E o mais revoltante é que o viciado, que as pessoas hoje chamam também de adictos ou de dependentes, aceitam a "taxa de câmbio" do traficante. Trocando em miúdos, se o bandido disser que o micro-ondas da mãe do viciado vale duas pedras, o pobre coitado vai tirar o eletrodoméstico dela e entregar ao bandido sem pestanejar.

As pessoas chegam facilmente ao ponto de descontrolar-se, como no caso do filho que vendeu o carro da mãe por cinquenta

reais para comprar crack (veja a matéria em *http://zh.clicrbs.com.
br/rs/noticias/noticia/2010/07/e-uma-doenca-incontro-
lavel-diz-mae-de-usuario-de-crack-que-vendeu-carro-
-por-r-50-2986169.html*)

A que ponto chegamos? O que se passa na cabeça de um cracudo? Só Deus sabe e é capaz de dar o devido livramento.

São muitos os casos de pessoas que se perdem por causa desse espírito demoníaco. Se eu for relatar todos os que enfrentei aqui, não haverá páginas suficientes. Mas com jubilo também posso testemunhar com satisfação que precisaria de muito mais páginas de uma infinidade de livros para relatar a vida das pessoas que hoje estão curadas dos vícios por intermédio de sua fé em Jesus.

Nós registramos as evoluções delas, porque só com o tempo é possível reconstruir sua dignidade. Fazemos o acompanhamento espiritual e, à medida que essas pessoas vão se entregando a Deus, passam a se envolver com a fé, sobretudo crescendo espiritualmente. Eu sou uma delas.

CAPÍTULO X

E, afinal, como está a minha vida hoje? Eu sou uma daquelas pessoas do capítulo anterior, um Rogério purificado. Comecei na Obra após encerrar o meu processo de cura e recuperação. Depois de servir a Deus como auxiliar de pastor em Campinas, fui ordenado pastor e segui para Itapira, no interior de São Paulo, divisa com Minas Gerais. Lá cuidei da minha primeira Igreja. Depois servi em Cosmópolis, Paulínia e então cheguei à capital.

Em São Paulo, fui responsável pelas igrejas de Santana, Pinheiros, São Caetano, Brás Antigo, Lapa, Freguesia do Ó e João Dias. Depois dirigi o Congresso Empresarial em Minas Gerais e em seguida assumi a direção da Universal no Estado do Ceará. Fui consagrado bispo recentemente, em 2014, ano em que este livro foi publicado. Dedico-me atualmente, de corpo e alma, a ajudar aqueles que, como eu há alguns anos, se dispuseram a libertar-se dos vícios definitivamente. Essa é a missão de todo aquele que renasce em Jesus:

> *"Ide por todo o mundo e pregai*
> *o evangelho a toda criatura."*
> **Marcos 16.15 (ARA)**

Para isso, a Universal está empreendendo um enorme movimento de combate ao vício em drogas, a Caminhada Para a Cura dos Vícios, da qual participo ativamente, dando o meu testemunho e ajudando de todas as maneiras possíveis. Venho atuando na promoção de cultos e reuniões para a libertação daqueles que nos procuram e apresento o resultado do nosso trabalho no programa de rádio A Última Pedra e em inserções diárias na TV Record.

Mas, como você pôde ler nas páginas anteriores, antes de chegar até aqui, curado por Jesus, a Pedra verdadeira, vacilei muitas vezes e, diante de tudo aquilo pelo que passei, jamais achei que chegaria a ter uma família. Felizmente eu estava errado. Conheci minha esposa, Ana Claudia, na Universal. Pelo menos, pensava ter sido ali que nos encontramos pela primeira vez, mas a gente já se conhecia, sem saber. Incrivelmente, apesar de ter sido apresentado de fato a ela somente em Americana, sua família também havia morado em Lucélia na época em que Ana era menina. Acredite quem quiser: sua família morava a um quarteirão da minha casa, uma rua acima.

No entanto, só viemos a nos "reencontrar" anos depois em Americana, cidade que fica a quase quinhentos quilômetros de Lucélia. Assim, apenas quando nos encontramos na Igreja, soubemos que as nossas famílias eram vizinhas e que inclusive já se

Bp. Rogério Formigoni e sua esposa, Ana Claudia.
Casamento sólido celebrado em 1997.

conheciam. Nós nos casamos depois de onze meses de namoro e então, com seis meses de casados, é que viemos para a Obra como auxiliares de pastores. Estou casado com Ana Claudia desde 1997, vivendo, sóbrio, na plenitude do Espírito Santo.

Essa plenitude só se realiza de verdade quando nós nos entregamos a Jesus, Pedra Angular da nossa fé, momento em que afinal ficamos livres de todas as amarras com que os vícios nos aprisionam.

> *"Perguntou-lhes Jesus: Nunca lestes nas Escrituras: A pedra que os construtores rejeitaram, essa veio a ser a principal pedra, angular; isto procede do Senhor e é maravilhoso aos nossos olhos?"*
>
> **Mateus 21.42 (ARA)**

Ser finalmente apresentado a Jesus, a Última Pedra, a Pedra Angular, no dia em que me libertei, produziu sobre mim um efeito muito mais intenso e poderoso do que o somatório dos prazeres que havia experimentado com as drogas ao longo de toda a minha vida até então miserável.

> *"Rogo-vos, pois, irmãos, pelas misericórdias de Deus, que apresenteis o vosso corpo por sacrifício vivo, santo e agradável a Deus, que é o vosso culto racional. E não vos conformeis com este século, mas transformai-vos pela renovação da vossa mente, para que experimenteis qual seja a boa, agradável e perfeita vontade de Deus."*
>
> **Romanos 12.1-2 (ARA)**

A transformação radical que aconteceu em mim e pela qual toda pessoa que consegue vencer o espírito do vício passa, é ver se abrir um novo caminho à sua frente — que nada mais são do que os portais para uma vida renovada se abrindo. Quando aquele meu vizinho me ofereceu uma sacola de crack e eu imediatamente recusei, decidido a não usar mais drogas, percebi que o poder de Deus que tomara conta de mim me permitiu esmagar as forças do espírito do vício que se apossara do "meu amigo".

Vivenciar a soberania do Senhor foi como experimentar um poder infinitamente superior e mais forte que o crack ou qualquer outro tipo de droga. Na minha vida renovada, havia chegado o momento de permitir que o poder de Deus se manifestasse em mim, e a partir de então tive forças para me manter firme na minha palavra para com o Senhor Jesus: "Jamais decepcionarei a Ti novamente!"

> *"Chegando-vos para Ele, a pedra que vive, rejeitada, sim, pelos homens, mas para com Deus eleita e preciosa, também vós mesmos, como pedras que vivem, sois edificados casa espiritual para serdes sacerdócio santo, a fim de oferecerdes sacrifícios espirituais agradáveis a Deus por intermédio de Jesus Cristo."*
>
> **1 Pedro 2.4-5**

O relacionamento seguro e íntimo que passei a ter com o Senhor Jesus Cristo me fez entender que Ele é a Pedra fundamental da minha vida, parte integrante da Obra de Deus. Ao contrário daqueles que escolheram o caminho errado para construir sua vida (Salmos 118.22) escolhi fundar minha nova vida sobre a Pedra viva, a Primeira e a Última Pedra, porque Ela é a verdadeira base sobre a qual o homem pode construir a sua vida eterna (1 Coríntios 3.11).

A Igreja Universal é fundada em Jesus, a Pedra Angular, incorporando todos os povos, todos aqueles que precisam de ajuda e que decidem renascer e seguir o caminho certo:

> *"Assim, já não sois estrangeiros e peregrinos, mas concidadãos dos santos, e sois da família de Deus, edificados sobre o fundamento dos apóstolos e profetas, sendo Ele mesmo, Cristo Jesus, a pedra angular; no qual todo o edifício, bem ajustado, cresce para santuário dedicado ao Senhor, no qual também vós juntamente estais sendo edificados para habitação de Deus no Espírito."*
> *Efésios 2.19-22 (ARA)*

Devemos ter a nossa vida fundamentada na Pedra eterna, depositando a nossa vida sobre ela, para ter a sustentação eterna de que precisamos. No edifício espiritual de Deus, declararmos as virtudes Daquele que nos chamou das trevas para a Sua maravilhosa luz (1 Pedro 2.7-9).

Superei uma luta contra a carne. Venci a vontade de me drogar e superei o espírito do vício. Resisti àquela maldita última pedra. Sob a proteção de Jesus, parecia que nunca tinha usado drogas na minha vida. Estava LIVRE! A vontade de me drogar simplesmente sumiu. Mas hoje reconheço que, se não tivesse resistido àquela última pedra de crack, você, leitor, não teria esta obra em suas mãos.

A chave para a minha libertação foi permanecer na fé e na obediência a Deus, buscando a Ele todos os dias e deixando-me batizar nas águas para renascer em uma vida renovada. E assim, mantive-me sempre fiel ao Senhor, porque havia finalmente me entregado a Ele — não era mais aceitável perder tempo.

Quem quer seguir o meu caminho precisa ser fiel a Deus e obedecer à programação das reuniões da Universal rigorosamente, mesmo tendo de enfrentar lutas, perseguições, dificuldades, preconceito e, às vezes, até a pura e simples falta de dinheiro para o ônibus. Nesses dias, você deve ir a pé mesmo, se precisar, mas sempre crendo. Faz bem para a saúde, especialmente a espiritual.

Aquele que se entregar a Jesus passará por dias difíceis, terá de se esquivar de tentações imensas e cruéis. No mundo das drogas, nunca faltarão materiais; como bem se sabe, é uma vida "fácil". Mas, para quem busca a Deus, o caminho que escolheu, o da fé, é muito mais difícil. Particularmente, depois de sair do mundo da droga, houve dias que eu não tinha nem o que comer. Mas uma força dentro de mim dizia que eu venceria aquela dificuldade. Às vezes surgia do nada uma voz, a do espírito do vício, que, derrotado, tentava argumentar que nas drogas eu tinha dinheiro e que agora estava naquela situação.

> *"Estas coisas vos tenho dito para que tenhais paz em Mim. No mundo, passais por aflições; mas tende bom ânimo; Eu venci o mundo."*
> *João 16.33 (ARA)*

Mas a força do poder de Deus sempre prevalece na fé e fala mais alto e soa mais forte. Ela sempre nos diz que venceremos o mundo. Como eu, você deve continuar na fé, até que, aos poucos, comece a ver todas as promessas que lhe foram feitas irem se cumprindo dia a dia. Até que, então, chegará o momento em que você experimentará uma "overdose" do Espírito Santo. Sentirá a presença d'Ele, magnífico; ouvirá a voz d'Ele, fantástica. Como aconteceu no meu caso, no dia em que receber o batismo com o Espírito Santo, passará por uma experiência absolutamente extraordinária e inesquecível!

Fotolia

Quando renascemos em Jesus, passamos a ser donos de uma convicção e de um poder inéditos. Eu sabia que o próprio Deus vivia agora em mim, ocupando todo o meu corpo, fluindo por minhas veias e artérias, habitando em meus órgãos e vias respiratórias, vinte e quatro horas por dia!

> *"mas recebereis poder, ao descer sobre vós o Espírito Santo, e sereis Minhas testemunhas tanto em Jerusalém como em toda a Judéia e Samaria e até aos confins da terra."*
> **Atos dos Apóstolos 1.8 (ARA)**

Por outro lado, em vez de uma sensação de plenitude, as drogas podem dar a você uma euforia momentânea, mas esse efeito logo passa, porque é efêmero. Por outro lado, quando Deus e Sua Palavra passam a ocupar o seu organismo e a sua mente vinte e quatro horas por dia, o efeito é tão forte, que faz você não querer se afastar d'Ele nunca mais.

O efeito da Palavra de Deus e do Espírito Santo no meu organismo é magnífico. Por isso, me esforço para divulgar da melhor maneira possível o impacto desse efeito sobre mim, de modo a tornar possível que todos o experimentem. E isso inclui quem está lendo este depoimento agora. Você certamente já experimentou tantos sentimentos e passou por inúmeras situações proporcionadas por este mundo que só lhe trouxeram depressão, perdas, fracassos, derrotas, solidão.

Por que não aproveitar este momento para tomar a decisão de entregar sua vida a Deus, essa mesma vida pela qual ninguém parece estar disposto a dar nada? Estou falando dessa vida mesmo, a sua vida, que Deus lhe devolverá completamente transformada. Não se esqueça! Para o general Naamã se curar, bastou mergulhar no Jordão, um rio que todos desprezavam, que consideravam imundo, poluído; mas foi justamente ali que Naamã se purificou.

A fonte para a cura dos vícios, seja qual for ela, reside simplesmente em mergulhar de corpo e espírito nos braços do Senhor Jesus. E é na Universal, lugar que muitos desprezam, como o Jordão dos tempos de Eliseu, que você será purificado dos vícios. E, em breve, tenho certeza de que o libertado será você e também o próximo testemunho!

Que Deus o abençoe!

Rogério Formigoni, bispo da Universal

Seja qual for o seu vício, profissionais da psiquiatria e clínicas afirmam que ele é uma doença incurável, progressiva e potencialmente fatal, e que o dependente químico, o adicto, jamais poderá desfrutar de vida social.

Neste livro, proponho o contrário:

VÍCIOS TÊM CURA!

Seja qual for o seu vício, basta você encontrar a Última Pedra. Não estou falando de religião; isso você pode até já ter. A Última Pedra é o Senhor Jesus. Quando você O encontra, a cura de todos os vícios acontece em sua vida.

Se quiser falar comigo, não tenha vergonha de entrar em contato. Estou à sua disposição para recebê-lo todos os domingos, na Reunião da Cura dos Vícios, na Av. João Dias, 1.800 - Santo Amaro, SP.

Também estou presente nas redes sociais, mais especificamente no Facebook. Anote a seguir meus contatos, inclusive meu e-mail:

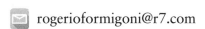 rogerioformigoni@r7.com

 www.facebook.com/BpFormigoni

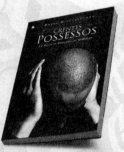